THIS COLORING BOOK
BELONGS TO

_____

THANKS For All THE Orgasms

Be Naked
When I
Come
Home

I don't have
DIRTY MIND
I have a
Sexy
imagination

HOLD ME Tight and F*CK ME Right

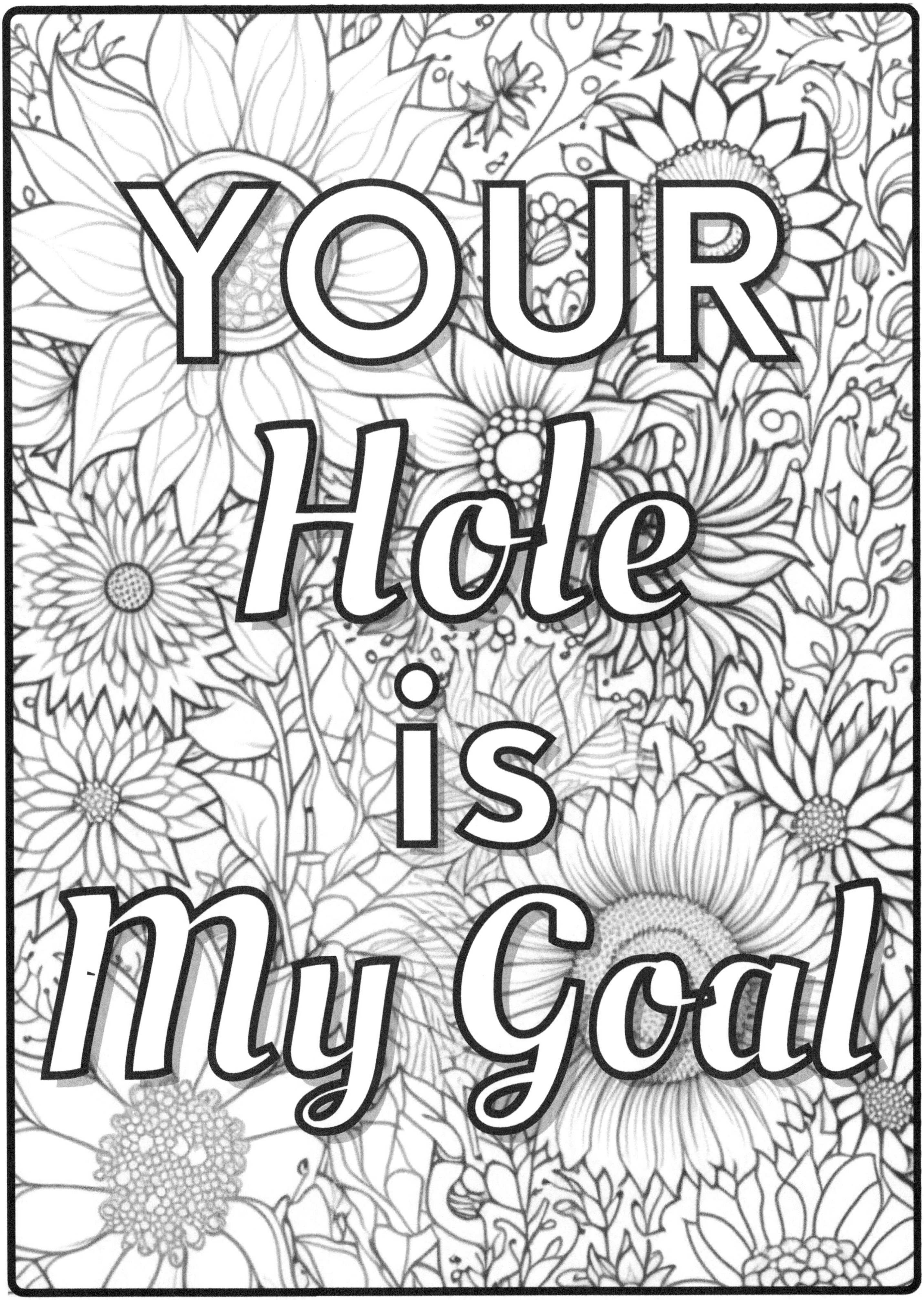
YOUR
Hole
is
My Goal

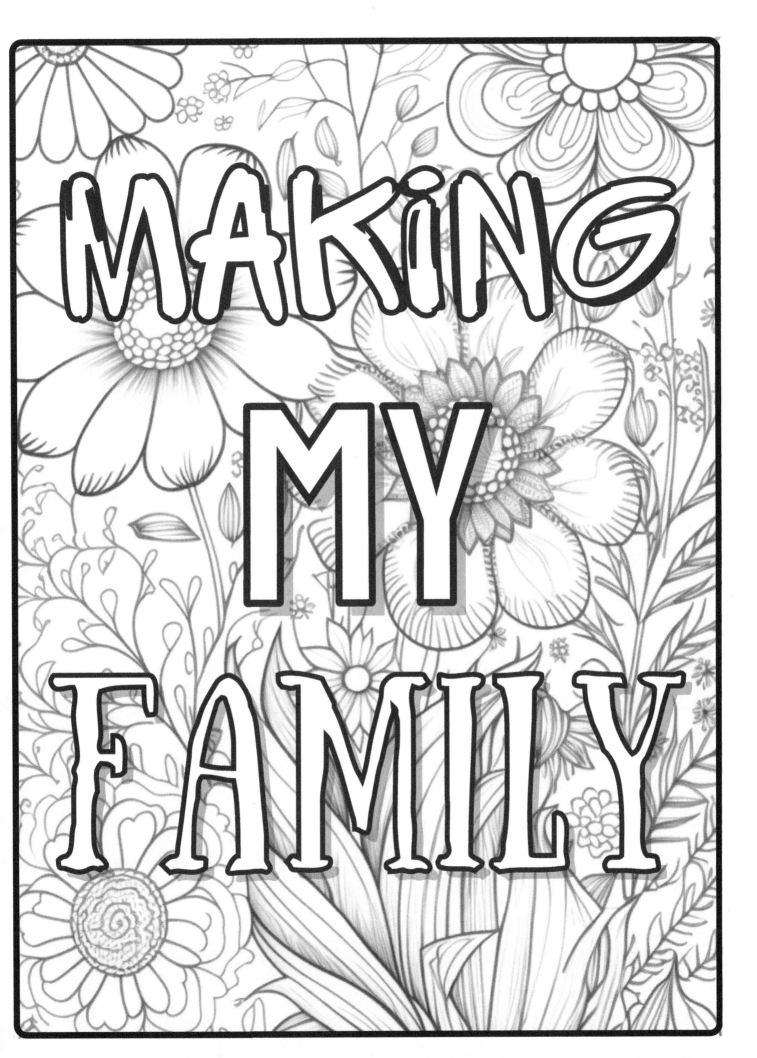

I'M A lick WHISPERER

Thick Thighs MAKE the Dick Rise

CAUTION CHOKING Hazard

I'm
great
in
bed

Just a Female With Big Dick ENERGY

Bush Pilot Flies the Friendly Thighs